Meine ersten 270 Wörter auf

Hessisch

Mit Zeichnungen von Johannes Kolz

UFFBASSE!

WAS MAN SO MACHT

aadatsche
befingern, anfassen

bedubben
hereinlegen

hogge
hocken

dozze
fallen

gautscheln
wippen, kippeln

knoddern
nörgeln, Unmut bekunden

brunze
urinieren

babbele
sprechen

giggele
kichern

abrobbe
abreißen

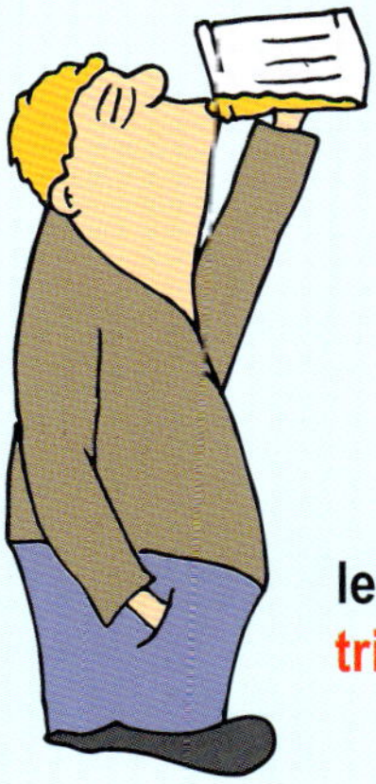

lebbern
trinken

behumbsen
täuschen

eweggbuzze
aufessen

latze
bezahlen

ZU HAUSE

Aamer
Eimer

Heija
Bett, Schlafstätte

Schbischel
Spiegel

Quetschkommod
Schifferklavier

Schesslong
Sofa

Kolder
Wolldecke

Schlabbe
Pantoffel

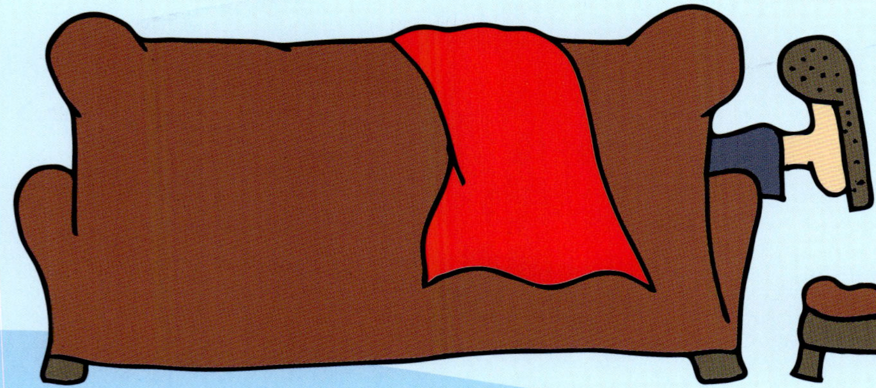

Schawellsc
Fußscheme

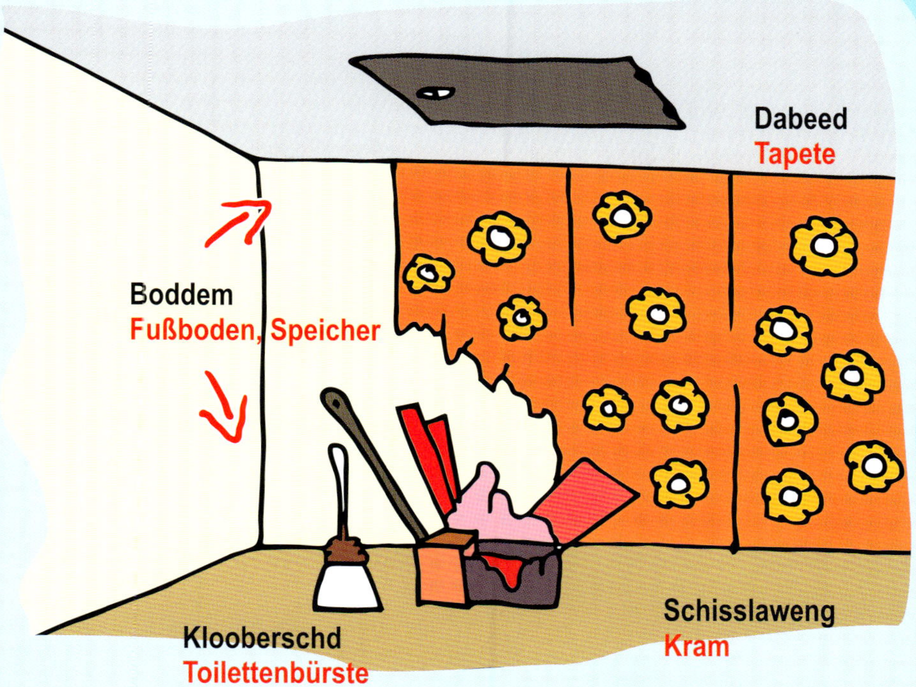
Dabeed
Tapete
Boddem
Fußboden, Speicher
Klooberschd
Toilettenbürste
Schisslaweng
Kram

Mienz
Katze

Bubbeschees
Puppenwagen
Kinnerschees
Kinderwagen

IN DER KÜCHE

Kroppe
Gussbräter

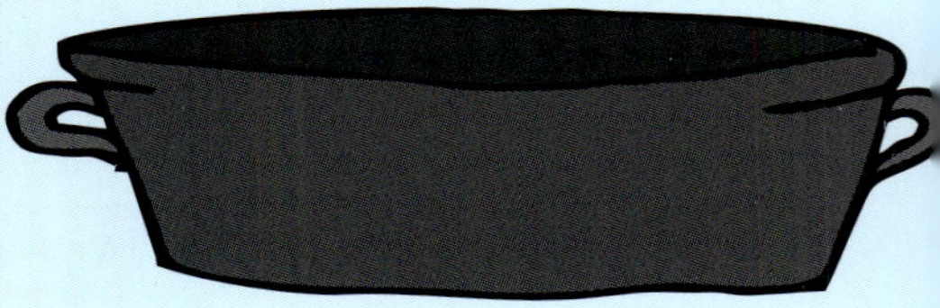

Dibbe
Topf

Subbedibbedeggel
Topfdeckel

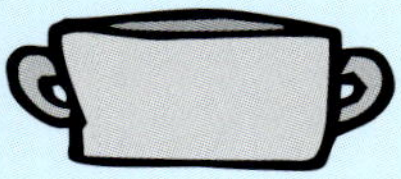

Dibbsche
kleiner Topf

Bennel
Schnur, Band

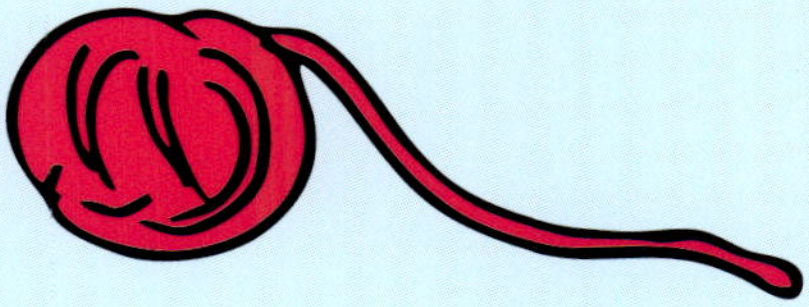

Kneippche
kleines Küchenmesser

Geele Roibe
Karotte

Dutt
Tüte

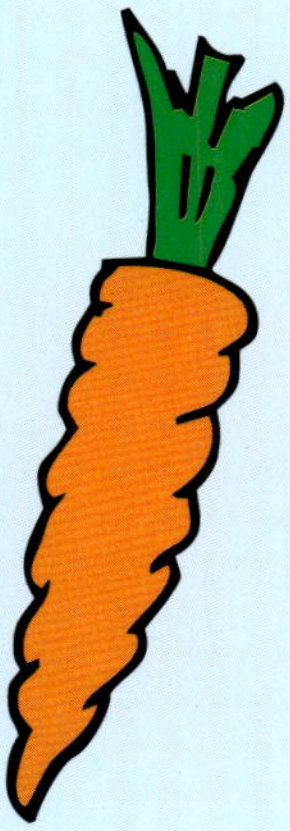

Pann
Pfanne

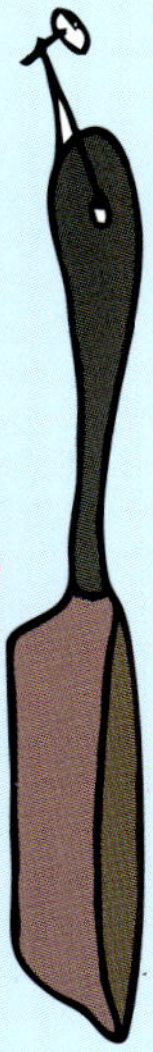

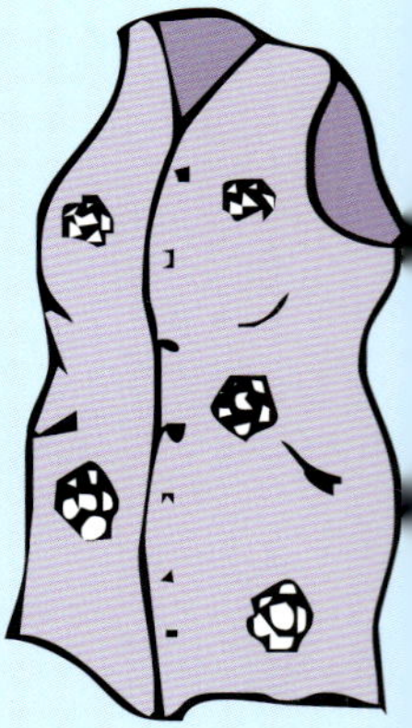

Kiddischerz
Kittelschürze

Butzlumbe
Putzlappen
abdrebbele
abtropfen
Weljerholz
Nudelholz
Babber
Aufkleber
Berscht
Bürste
babbisch
klebrig
Dutt Guutsjer
Bonbontüte
Dischblatt
Tischplatte
Breedsche
Brötchen
Blummedobb
Blumentopf

DRAUSSEN

Fliescher
Flugzeug

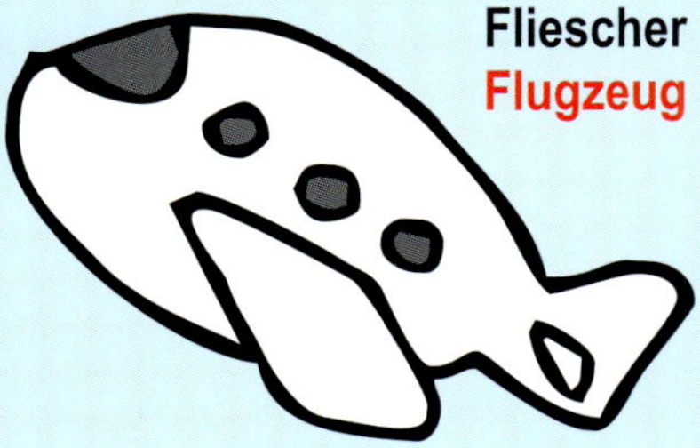

Arschkitzel
Hagebutte

gebloddscht
angestoßen

Schbeiss
Zement, Mörtel

Pidsch
Pfütze

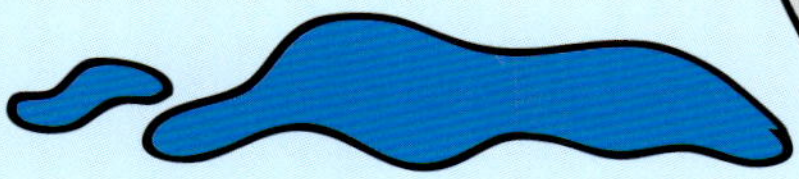

Giggel
Hahn

Beem
Bäume

Maa
Main

Maabrigg
Mainbrücke

Hutsche
Kröte

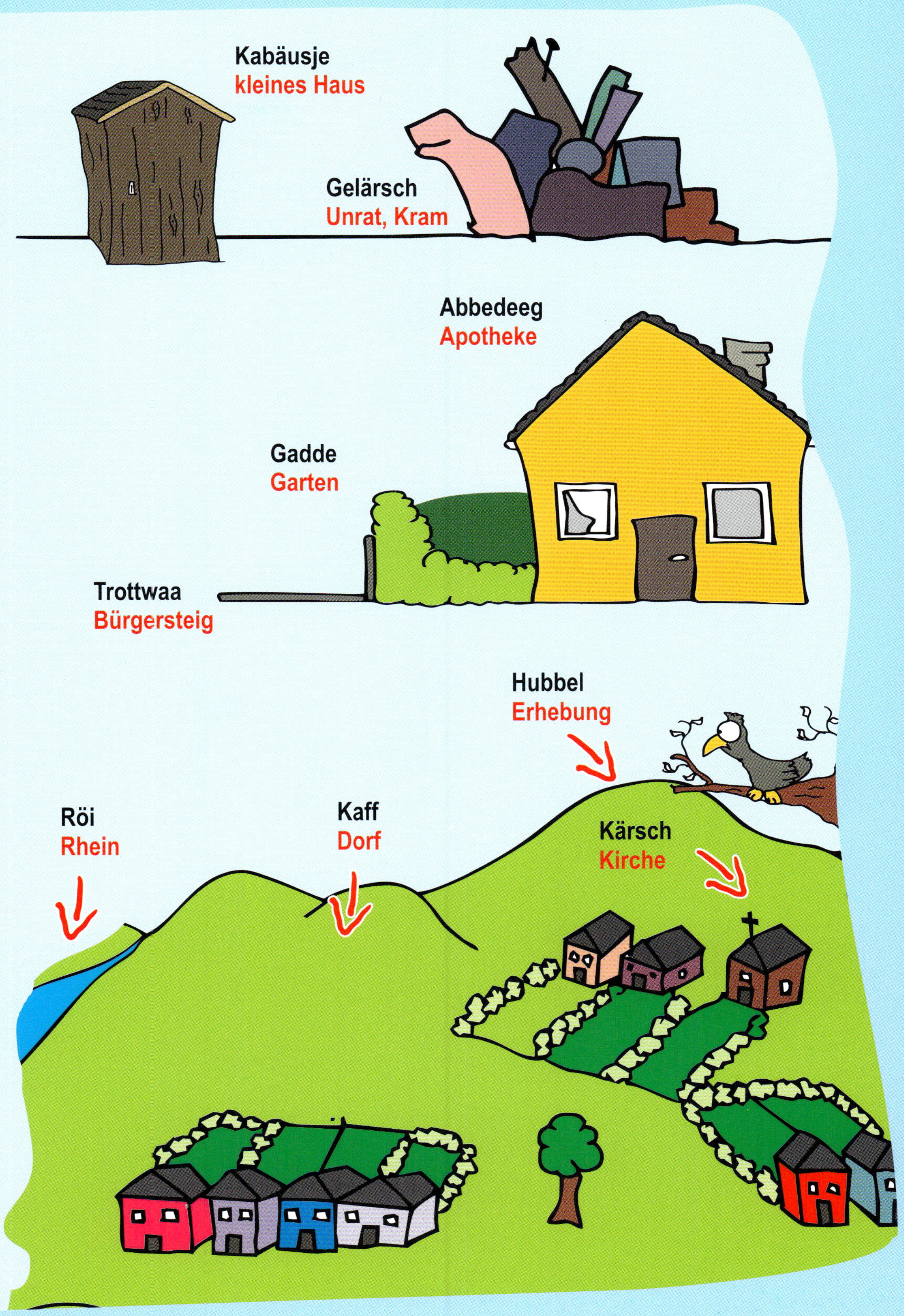
Kabäusje
kleines Haus
Gelärsch
Unrat, Kram
Abbedeeg
Apotheke
Gadde
Garten
Trottwaa
Bürgersteig
Hubbel
Erhebung
Röi
Rhein
Kaff
Dorf
Kärsch
Kirche

IN DER KNEIPE

Gerippptes
Weinglas

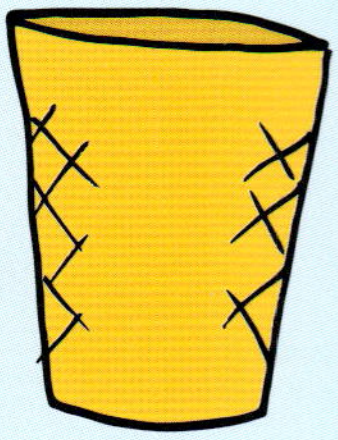

Gebabbel
Geschwätz

Bembel
Weinkrug

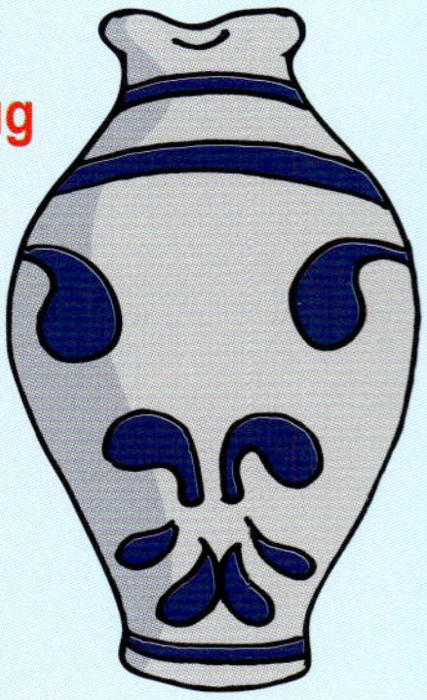

Maabootscher
große Schuhe

Bredullje
Notsituation

Schwelles
Kater, dicker Kopf

Jobbelsche
Überjacke

Brutsch
Schmollmund

Schluurie
jemand, auf den man sich nicht verlassen kann

gell?
nicht wahr?

Krawallschachdel
jemand, der Streit sucht

Kaab
Mütze

nimmi
nie wieder

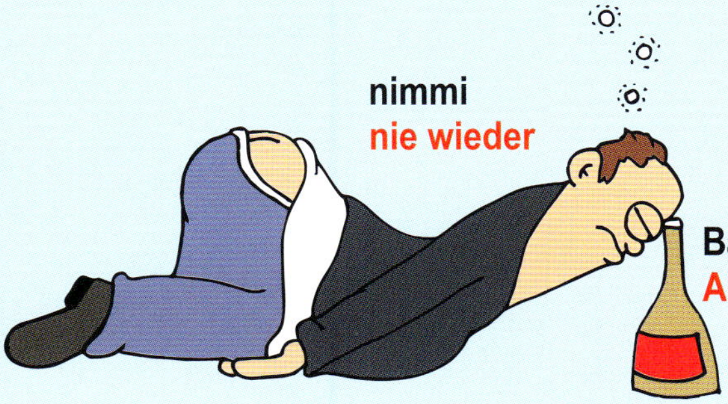

Babbelwasser
Alkohol

Zores - Knaadsch
Streit

Uutz
Spaß

REDEWENDUNGEN

DER KÄS ISS GESSE

Das hat sich erledigt

DEHAAM IS DEHAAM

Zu Hause ist es am schönsten

HOBB, HOBB, HOBB, DE SCHOBBE IN DE KOBB

Nun wird der halbe Liter getrunken

WIE BEI HEMMBELS UNNERM SOFA

Es ist sehr unordentlich

IN DE ALLERGREESCHDE NOOD SCHMEEGD DIE WORSCHD AACH ONE BROOD

In der allergrößten Not schmeckt die Wurst auch ohne Brot

AUS UNGELEESCHDE EIER SCHLUBBE KAA HINKEL

Aus ungelegten Eiern schlüpfen keine Hühner

»KALL, MEI DROBBE!«

Lia Wöhr in „Die Hesselbachs“

WAS MAN NOCH SO MACHT

aababbe
ankleben

fuddele
unsauberes Arbeiten

zobbele
zupfen

schenne
schimpfen

ausdokdern
erkunden

vergliggern
erklären

verplembern
verprassen

flenne
weinen

mauscheln
mogeln

lunse
heimlich
gucken

uffmugge
Widerworte geben

annenanner gerote
streiten

BEIM ARZT

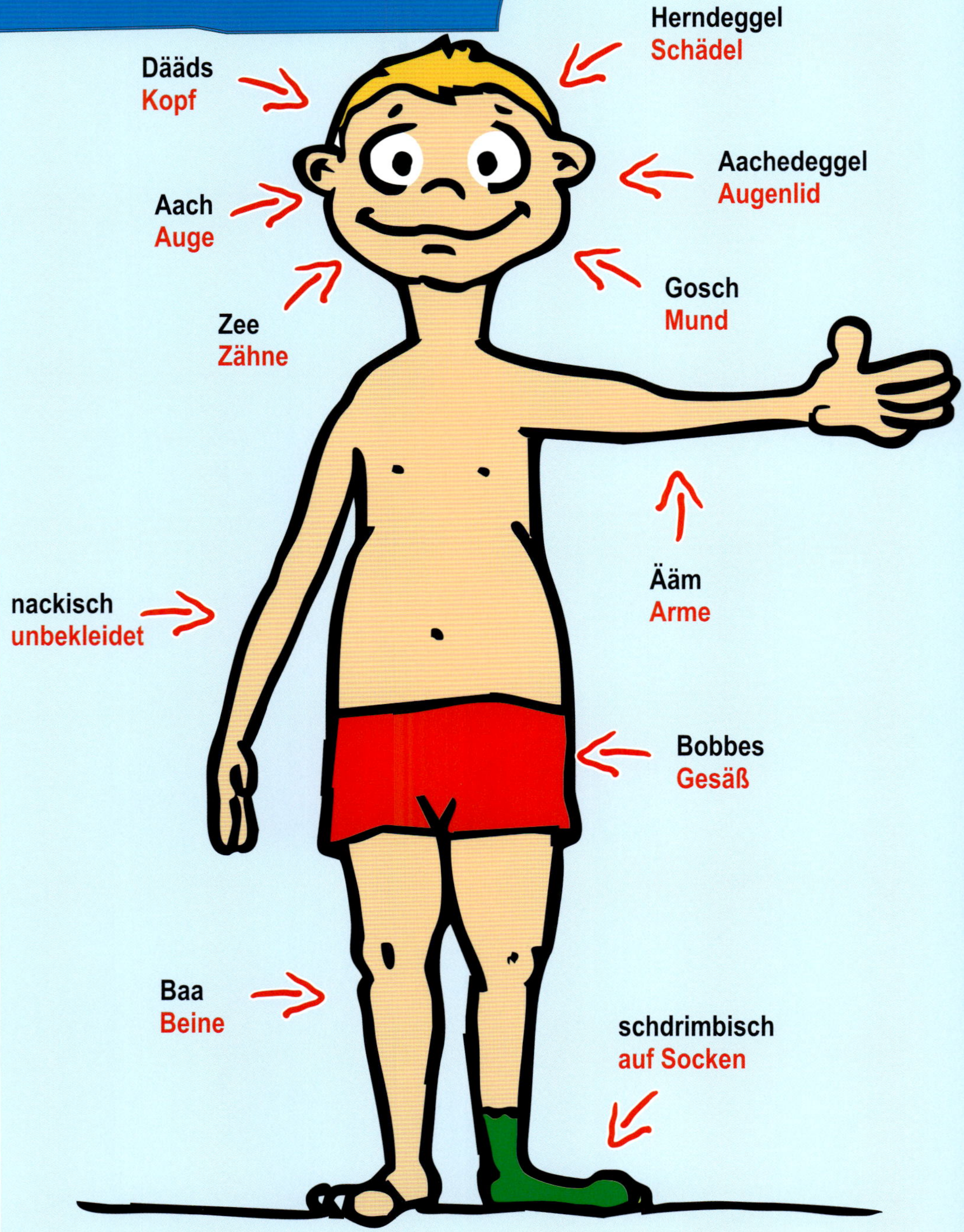
Dääds
Kopf
Herndeggel
Schädel
Aach
Auge
Aachedeggel
Augenlid
Zee
Zähne
Gosch
Mund
Ääm
Arme
nackisch
unbekleidet
Bobbes
Gesäß
Baa
Beine
schdrimbisch
auf Socken

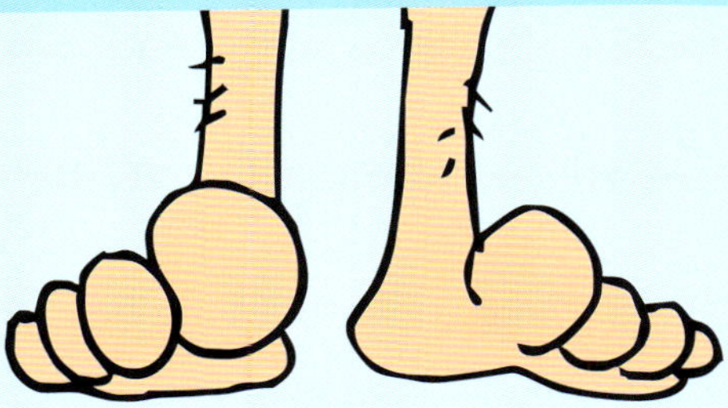

Fieß
Füße

einatäärlisch
selbstverständlich

Raffel
schlechtes Gebiss

Sabber
Speichel

Bibs
Erkältung

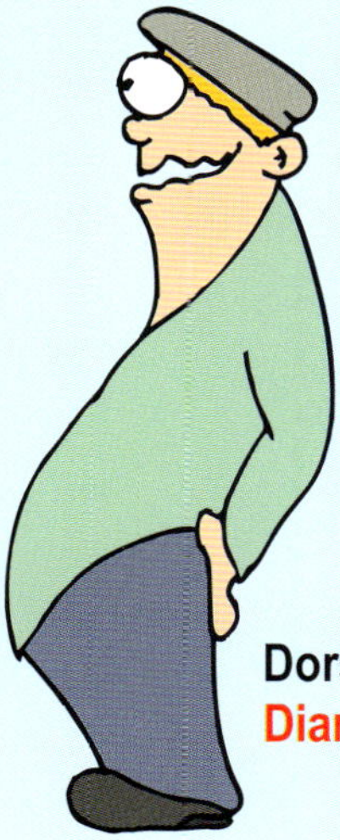

Dorschmarsch
Diarrhö

eihorrschemaa
Hallo, hör mal zu

zabbeduuster
sehr dunkel

MENSCHEN

Dabbes
Tollpatsch

Dilldabb
noch ein Tollpatsc

Babba
Vater

Bagaasch
Gruppe

Brunnebutzer
Arbeiter einfacher Tätigkeiten

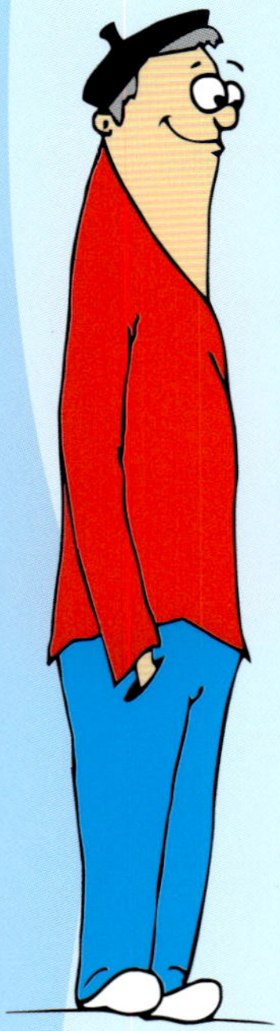

Gaagel
schlaksiger Mensch

Bobbelsche
Säugling

Mobbelsche
dicklicher Mensch

Schdribbezieher
Elektriker, Chef
Hutzelmännsche
kleiner Mensch
Wullewatz
dickliches Kind
Babbschnuud
ungepflegter Nachwuchs
Kuseng
Cousin
Fraa
Frau
Pedder
Patenonkel
Allmoi
Egoist
Schisser
Angsthase

ESSEN UND TRINKEN

Brieh
Brühe

Briehhinkel
Suppenhuhn

Gequellde
Pellkartoffeln

Flaasch
Fleisch

Hasbel
Eisbein

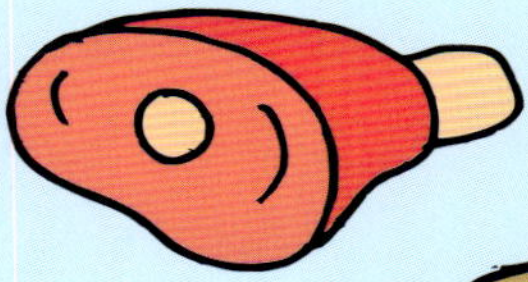

Schöppsche
kleines Glas Apfelwein

Gespritzde
Apfelweinschorle

Schoppe
Glas Apfelwein

Knäärtsje
Brotende

Handkees mit Musigg
Handkäse mit Zwiebeln, mariniert

Ribbelkuche
Streuselkuchen

Ufflaaf
Auflauf

Grie Sooß
Grüne Soße

Husdeguudsje
Hustenbonbon

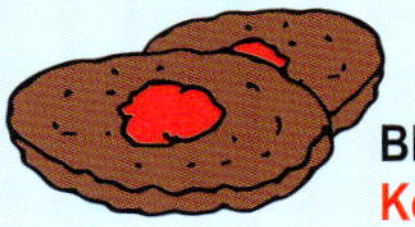

Blädzje
Keks, Gebäck

Appelkrotze
Kerngehäuse vom Apfel

Persching
Pfirsich

Schnuggedutt
Naschereien in der Tüte

Banähnsche
kleine Banane

Äppelschläppscher
Apfelpfannkuchen

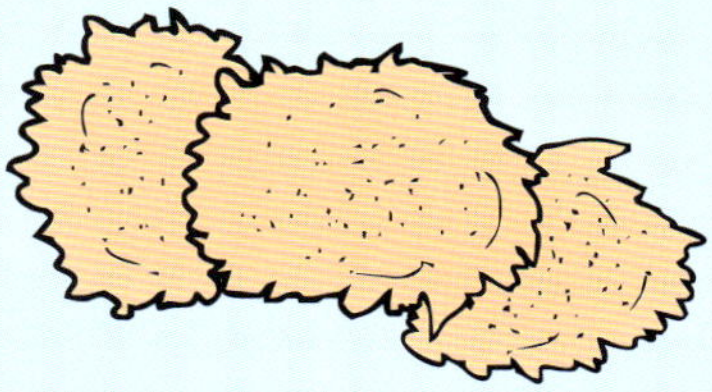

Äbbelwoi
Apfelwein

Gemies
Gemüse

Zwiwwel
Zwiebel

Krumbeern
Kartoffeln

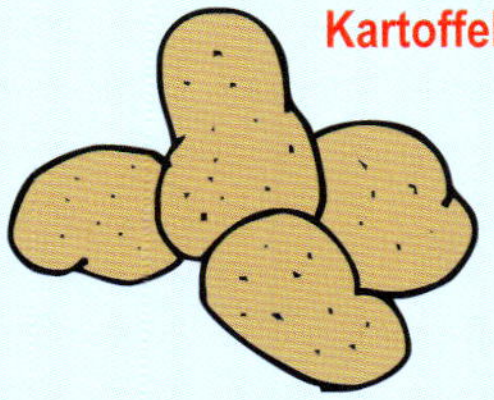

SCHIMPFWÖRTER

RIWWELOORSCH
ungeduldiger Mensch
DORSCHTEL
Trinker
BOLLEWITZER
Verspötter
SPIRBES
schmächtiger Mensch
HUTSCHEBIBBES
einfältige Person
SPITZGICKES
selbstverliebter Mensch
ZUMPEL
Prostituierte
RÜLPES
Rüpel
STAMPES
plumpe Person
SÄCKEL
Gauner
DUCKES
hinterlistige Person
TRIPSER
Dieb
OLWER
Einfaltspinsel
HOSCHBELS
ungeschickter Mensch

„JETZ LASS UNS NOCH RECHT LUSTIG SEI
UN DRINKT BEDEITEND ÄPPELWEI
UN ESST NOR KUCHE UND PASTET,
WEIL DOCH DIE WELT BALD UNNERGEHT.“

Wichtiges zum Äbbelwoi!

ÄBBELWOI Apfelwein
BEMBEL Apfelweinkrug aus Keramik-Steingut
BEMBELSCHE kleiner Apfelweinkrug
GERIPPTES traditionelles Apfelweinglas
HAASSE ÄBBELWOI heißer Apfelwein
HECKEWERDSCHAFT Frankfurter Apfelweinwirtschaft
SCHÖPPSCHE ein kleines Glas Apfelwein
SCHOPPEN ein Glas Apfelwein

SIESSER süßer Apfelwein, frisch aus der Kelter
GESPRITZDER Apfelwein mit Schuss Mineralwasser
SAUERGESPRITZDER Apfelwein mit Mineralwasser verdünnt
SÜSSGESPRITZDER Apfelwein mit Zitronenlimonade
TIEFGESPRITZDER 1/4 Apfelwein, 3/4 Mineralwasser

Frankfurt

Friedrich Stoltze

* 21. November 1816, † 28. März 1891
Frankfurt am Main,
deutscher Dichter und Schriftsteller

Es is kaa Stadt uff der weite Welt,
Die so merr wie mei Frankfort gefällt,
Un es will merr net in mein Kopp enei:
Wie kann nor e Mensch net von Frankfort sei!

Un wär'sch e Engel un Sonnekalb,
E Fremder is immer von außerhalb!
Der beste Mensch is e Ärjernis,
Wann er net aach von Frankfort is.

Was is des Ofebach for e Stadt!
Die hawe's ganz in der Näh gehat
Un hawe's verbasst von Aabeginn,
Dass se net aach von Frankfort sin.

Die Bockemer hawe weiter geblickt,
Die hawe mit uns zusammegerickt;
Die Bernemer awer warn aach net dumm,
Die gawe sogar e Milljon dadrum!

E Mädche von hie, des en Fremde nimmt,
Des hat en for was Höher'sch bestimmt;
Es mecht en von hie un er waaß net wie;
E Eigeplackter is immer von hie.

E Mädche von drauß, wann noch so fei,
Dut immer doch net von Frankfort sei!
Doch nimmt se en hiesige Berjerschsoh,
So hat se aach noch die Ehr dervo.

Des Berjerrecht in de letzte Jahrn
Is freilich ebbes billiger warn;
Der Wohlstand awer erhält sich doch,
Dann alles anner is deuer noch.

So steuern merr frehlich uff's Tornerfest!
Bald komme se aa von Ost un West,
Von Nord un Sid un iwer die Meern,
Gut Heil! Als ob se von Frankfort wärn.

Un wann se bei uns sich amesiern,
Dann werrd se der Abschied doppelt rihrn
Un gewe merr recht un stimme mit ei:
Wie kann nor e Mensch net von Frankfort sei!

EINIGE WÖRTER

aababbe - ankleben
Aabeginn - Anbeginn
aach - auch
Aach - Auge
Aachedeggel - Augenlid
aadatsche - befingern, anfassen
Ääm - Arme
Aamer - Eimer
Aaweid - Arbeit
Abbedeeg - Apotheke
Äbbelwoi - Apfelwein
abdrebbele - abtropfen
abrobbe - abreißen
Allmoi - Egoist
amesiern - amüsieren
annenanner gerote - streiten
anner - andere
Appelkrotze - Kerngehäuse vom Apfel
Äppelschläppscher - Apfelpfannkuchen
Ärjernis - Ärgernis
Arschkitzel - Hagebutte
ausdokdern - erkunden
awer - aber

Baa - Beine
Babba - Vater
babbele - sprechen
Babbelwasser - Alkohol
Babber - Aufkleber
babbisch - klebrig
Babbschnuud - ungepflegter Nachwuchs
Bagaasch - Gruppe
Banähnsche - kleine Banane
bedubben - hereinlegen
Beem - Bäume
behumbsen - täuschen
Bembel - Weinkrug
Bembelsche - kleiner Apfelweinkrug
Bennel - Schnur, Band
Berjerrecht - Bürgerrecht
Berscht - Bürste
Bibs - Erkältung
Blädzje - Keks, Gebäck
Blummedobb - Blumentopf
Bobbelsche - Säugling
Bobbes - Gesäß
Boddem - Fußboden, Speicher
Bollewitzer - Verspötter
Bredullje - Notsituation
Breedsche - Brötchen
Brieh - Brühe
Briehhinkel - Suppenhuhn
Brood - Brot
Brunnebutzer - Arbeiter einfacher Tätigkeit
brunze - urinieren
Brutsch - Schmollmund
Bubbeschees - Puppenwagen
Butzlumbe - Putzlappen

Dääds - Kopf
Dabbes - Tollpatsch
Dabeed - Tapete

dehaam - daheim
derrvo - davon
Dibbe - Topf
Dibbsche - kleiner Topf
Dilldabb - Tollpatsch
Dischblatt - Tischplatte
Dollbohrer - hat unsinnige Ideen
Dorschmarsch - Diarrhö
Dorschtel - Trinker
dozze - fallen
Drobbe - Arzneimittel
Duckes - hinterlistige Person
Dutt - Tüte
Dutt Guutsjer - Bonbontüte

Eigeplackter - Zugezogener
eihorrschemaa - Hallo, hör mal zu
einatäärlisch - selbstverständlich
eweggbuzze - aufessen

Fieß - Füße
Finz - zimperliche Frau
Flaasch - Fleisch
flenne - weinen
Fliescher - Flugzeug
Fraa - Frau
frehlich - fröhlich
fuddele - unsauberes Arbeiten
Fulder - grober Kerl (Fuldaer)

Gaagel - schlaksiger Mensch
Gadde - Garten
gautscheln - wippen, kippeln
Gebabbel - Geschwätz
gebloddscht - angestoßen
Geele Roibe - Karotte
gehat - gehabt
Gelärsch - Unrat, Kram
gell? - nicht wahr?
Gemies - Gemüse
Gequellde - Pellkartoffeln
Geripptes - traditionelles Apfelweinglas
Gespritzde - Apfelweinschorle
Gespritzder - Apfelwein mit Mineralwasser
gesse - gegessen
gewe - geben
Giggel - Hahn
giggele - kichern
Gosch - Mund
Grie Sooß - Grüne Soße

Haaße Äbbelwoi - heißer Apfelwein
Handkees mit Musigg - Handkäse mit Zwiebeln
Hasbel - Eisbein
hawe - haben
Heckewerdschaft - Apfelweinwirtschaft
Heija - Bett
Herndeggel - Schädel
hogge - hocken
Hoschbels - ungeschickter Mensch
Hubbel - Erhebung
Husdeguudsje - Hustenbonbon

Hutsche - Kröte
Hutschebibbes - einfältiger Mensch
Hutzelmännsche - kleiner Mensch

iwer - über

Jobbelsche - Überjacke

kaa - kein, keine
Kaab - Mütze
Kabäusje - kleines Haus
Kaff - Dorf
Kärsch - Kirche
Käs - Käse
Kiddischerz - Kittelschürze
Kinnerschees - Kinderwagen
Klooberschd - Toilettenbürste
Knaadsch - Streit
Knäärtsje - Brotende
Kneippche - kleines Küchenmesser
knoddern - nörgeln
Kolder - Wolldecke
Krawallschachdel - jemand, der Streit sucht
krieje - bekommen
Kroppe - Gussbräter
Krumbeern - Kartoffeln
Kuseng - Cousin

Laatschmaul - Schwätzer
latze - bezahlen
lebbern - trinken
Lumpekrott - agiles Mädchen
lunse - heimlich gucken

Maa - Main
Maabootscher - große Schuhe
Maabrigg - Mainbrücke
mauscheln - mogeln
Meern - Meere
merr - mir
Mienz - Katze
Mobbelsche - dicklicher Mensch

nackisch - unbekleidet
Näuseler - Nörgler
net - nicht
nimmi - nie wieder
Nood - Not
nor - nur

Olwer - Einfaltspinsel

Pann - Pfanne
Pedder - Patenonkel
Persching - Pfirsich
Pidsch - Pfütze

Quetschkommod - Schifferklavier

Raffel - schlechtes Gebiss
Ribbelkuche - Streuselkuchen
rihrn - anrühren

Riwweloorsch - ungeduldiger Mensch
Röi - Rhein
Rülpes - Rüpel

Sabber - Speichel
Säckel - Gauner
Sauergespritzder - Apfelwein mit Mineralwasser
Schawellsche - Fußschemel
Schbeiss - Zement, Mörtel
Schbischel - Spiegel
Schdribbezieher - Elektriker, Chef
schdrimbisch - auf Socken
schenne - schimpfen
Schesslong - Sofa
Schisser - Angsthase
Schisslaweng - Kram
Schlabbe - Pantoffel
Schlippsche - heute hier, morgen da
Schlunkes - habgieriger Mensch
Schlunz - ungepflegte Frau
Schluurie - unzuverlässige Person, Faulenzer
Schnuggedutt - Naschereien in der Tüte
Schoppen - Glas Apfelwein
Schöppsche - kleines Glas Apfelwein
Schwelles - Kater, dicker Kopf
se - sie
Sießer - süßer Apfelwein, frisch aus der Kelter
sin - sind
Spinnegiekser - beim Essen sehr wählerisch
Spirbes - schmächtiger Mensch
Spitzgickes - selbstverliebter Mensch
Stampes - plumpe Person
Subbedibbedeggel - Topfdeckel
Süßgespritzder - Apfelwein mit Limonade

Tiefgespritzder - 1/4 Apfelwein, 3/4 Mineralwasser
Tripser - Dieb
Trottwaa - Bürgersteig
Trutschel - behäbiges Weib

Uffbasse! - Vorsicht!
Ufflaaf - Auflauf
uffmugge - Widerworte geben
unnergeht - untergeht
Uutz - Spaß

vergliggern - erklären
verplembern - verprassen

Weljerholz - Nudelholz
Worschd - Wurst
Wullewatz - dickliches Kind

zabbeduuster - sehr dunkel
Zee - Zähne
zobbele - zupfen
Zores - Streit
Zumpel - Prostituierte
Zwiwwel - Zwiebel

RUM!

© Illustration: Johannes Kolz
Umschlaggestaltung: konzept schriftlich, Tawern
Satz: alles-trier.de
Printed in Czech Republic 2014

ISBN 978-3-7306-0137-2

www.anacondaverlag.de
info@anacondaverlag.de